MI PRIMERA Biblia Ilustrada

Escanea para obtener

un libro gratis

¡Gracias por elegir este libro! Como muestra de nuestro agradecimiento, queremos regalarte un LIBRO GRATIS, sin ningún compromiso. Simplemente escanea el código QR para obtener tu libro gratis ahora. Es nuestra forma de agradecerte y acompañarte en tu camino. ¡Pero no esperes demasiado, esta oferta no durará para siempre!

ESCANÉAME

ESCANÉAME

ESCANÉAME

Escanea el código QR con la cámara de tu smartphone y toca el enlace.

Índice de Contenidos

La Oveja Perdida

Lucas 15:3-7

Érase una vez, en un campo lleno de suave y verde césped, vivía un amoroso pastor con su gran rebaño de 100 ovejas lanudas. Todos los días, el pastor contaba sus ovejas, "1, 2, 3..." hasta llegar a 100, para asegurarse de que todos sus amigos esponjosos estuvieran seguros.

Un día brillante y soleado, al terminar de contar, se dio cuenta con un suspiro: "¡Solo cuento 99! ¡Una de mis pequeñas ovejas falta!" Su corazón latía como un tambor. Pero el pastor, valiente y amable, decidió dejar a sus 99 ovejas seguras e iniciar una emocionante búsqueda para encontrar a su pequeña oveja perdida.

Atravesó montañas imponentes, vadeó ríos juguetones y se aventuró en bosques sombríos. Llamaba, "¡Ovejita, dónde estás!" Pero la pequeña oveja no aparecía por ningún lado. Aún así, el pastor no perdía la esperanza. Su amor por la pequeña oveja era más grande que la montaña más alta.

Finalmente, después de un largo y agotador día, detrás de una roca grande y robusta, encontró a su pequeña oveja asustada. Al ver a su pastor, los ojos de la oveja brillaron como el rocío matinal, y baló de alegría. El corazón del pastor se llenó de felicidad mientras levantaba con cuidado a la pequeña oveja en sus cálidos y protectores brazos.

Con la pequeña oveja a salvo sobre sus hombros, el pastor regresó a casa bajo un cielo pintado con colores vibrantes del atardecer. Reunió a todos sus amigos y vecinos, declarando con una sonrisa radiante: "¡Alegraos conmigo, mis amigos! ¡He encontrado a mi oveja perdida!" Todos bailaron y cantaron, sus corazones llenos de alegría, bajo la manta de estrellas brillantes.

Esta mágica historia nos recuerda un amor muy especial: el amor que Dios tiene por cada uno de nosotros. Al igual que el pastor que buscó a la pequeña oveja perdida, si alguna vez nos sentimos perdidos, asustados o solos, Dios siempre está allí para encontrarnos y llevarnos de vuelta a la seguridad. No importa cuán grande pueda parecer el mundo, o cuán pequeños podamos sentirnos, somos increíblemente preciosos para Dios, y Él siempre cuidará de nosotros. Recuerda, incluso si te sientes como una pequeña oveja en un mundo grande, en los amorosos ojos de Dios, eres la parte más importante de Su gran aventura.

Daniel y el León

Daniel 6:16-24

En un tiempo muy, muy lejano, había un hombre valiente y bueno llamado Daniel. Daniel era especial porque siempre intentaba hacer lo correcto y oraba a Dios todos los días.

Daniel vivía en un reino donde el rey fue engañado para hacer una ley que decía que nadie podía orar a nadie excepto al rey. Pero Daniel sabía que esto estaba mal, así que continuó orando a Dios.

Algunas personas no querían a Daniel porque era muy bueno, así que le dijeron al rey que Daniel había roto la nueva ley. El rey estaba muy triste porque le gustaba Daniel, pero tenía que obedecer su propia ley. Así que Daniel fue puesto en un foso con leones grandes y temibles.

Ahora, pensarías que este sería el final para Daniel, pero ¿adivina qué? Daniel no tenía miedo. Confía en Dios y sabía que no estaba solo.

Esa noche, Dios envió un ángel para cerrar las bocas de los leones. En lugar de ser fieros y peligrosos, ¡los leones se volvieron amigables! No le hicieron ningún daño a Daniel. Se convirtieron en sus compañeros por la noche, ronroneando y acostándose junto a él.

Por la mañana, el rey se apresuró al foso de los leones y se llenó de alegría al ver a Daniel sano y salvo. Se dio cuenta de que el Dios de Daniel era el verdadero Dios e hizo una nueva ley que todos deberían respetar al Dios de Daniel.

Al igual que Daniel en el foso de los leones, a veces podemos sentirnos asustados cuando las cosas salen mal o cuando la gente no nos comprende. Pero recuerda, Dios siempre está con nosotros y puede convertir situaciones aterradoras en seguras. Confiar en lo que es correcto y tener fe puede convertir incluso a los leones en amigos. Y recuerda, siempre es importante hacer lo que sabes que es correcto, incluso cuando otros no estén de acuerdo.

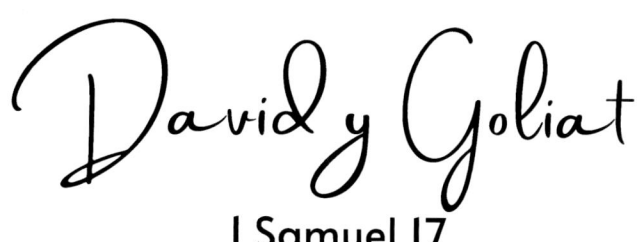

David y Goliat

I Samuel 17

En las verdes colinas de Belén, vivía un joven pastor llamado David. Aunque era pequeño, David tenía un corazón lleno de coraje y un espíritu tan brillante como el sol.

Un día, surgió un gran problema. Un gigante llamado Goliat, tan alto como un árbol y tan duro como una roca, desafió a los israelitas a enviar a un guerrero para enfrentarlo. Los soldados más valientes tenían miedo y no se atrevían a enfrentar a Goliat.

Pero David no tenía miedo. Decidió enfrentarse a Goliat, no con una espada o armadura, sino con su honda de confianza y cinco piedras lisas de un arroyo. Sus hermanos estaban preocupados, "Eres demasiado pequeño", le decían. Pero David solo sonrió y dijo: "Con la ayuda de Dios, puedo hacer grandes cosas".

David se acercó a Goliat, quien se rió de él, "¿Soy acaso un perro para que vengas a mí con palos?" Pero David no dejó que las palabras de Goliat lo asustaran. Respondió con valentía: "Tú vienes contra mí con espada y lanza, pero yo vengo contra ti en el nombre del Señor".

Con una respiración profunda, David colocó una piedra en su honda y, con un zumbido, la envió volando. La piedra golpeó a Goliat justo en la frente. El poderoso gigante tropezó y cayó al suelo con un golpe que sacudió la tierra.

Los soldados vitorearon y los israelitas celebraron su victoria. David, el pequeño pastor, había derrotado al gigante. Su coraje y fe habían salvado a su pueblo.

La historia de David y Goliat nos enseña que no importa cuán pequeños seamos o cuán grandes parezcan los problemas, con fe y coraje, podemos superarlos. Así como David derrotó a Goliat con una pequeña piedra y un gran corazón, nosotros también podemos enfrentar nuestros desafíos con valentía. Y recuerda, no importa cuán pequeño o joven seas, con la ayuda de Dios, puedes hacer grandes cosas. Así que, aférrate a tu coraje, mantén la fe en tu corazón y siempre cree en ti mismo. ¡Eres más fuerte de lo que piensas!

Jonás y el Gran Pez

Jonás 1-2

En una vibrante ciudad llena de vida, vivía un hombre llamado Jonás. Un día, Dios le habló a Jonás: "Ve a la gran ciudad de Nínive y dile a la gente que sea amable y buena". Pero Jonás sintió un temor en su corazón y, en lugar de dirigirse a Nínive, se embarcó sigilosamente en un barco que navegaba en dirección opuesta.

Mientras el barco se deslizaba por el poderoso océano, ¡estalló una tormenta monstruosa! Las olas golpeaban el barco como puños acuáticos gigantes, el viento aullaba como cien lobos enfurecidos, y el cielo era tan oscuro como la pluma de un cuervo. ¡Los marineros estaban aterrorizados! Encontraron a Jonás durmiendo plácidamente y lo despertaron: "¡Ora a tu Dios, quizás Él calme esta tormenta!" gritaron.

Jonás, sintiendo un fuerte golpe en su corazón, sabía que todo esto era porque no había escuchado a Dios. Se enfrentó a los marineros: "Lánzame al mar", dijo valientemente, "y la tormenta cesará". Y así, con un trago y una oración, lo hicieron, y milagrosamente, el mar se volvió tan calmo como un lago de cristal.

De repente, desde las profundidades del agua, surgió un pez tan enorme que podría haber sido una montaña. ¡Se tragó a Jonás de un solo bocado! Dentro del vientre del pez, Jonás se encontró en un mundo de agua oscura y remolinos. Se dio cuenta de que había cometido un gran error al huir. Entonces, Jonás oró a Dios pidiendo ayuda, prometiendo hacer lo que Dios pedía si era salvado.

Después de tres días y tres noches, el colosal pez dio un eructo poderoso y escupió a Jonás en una playa arenosa. Jonás, agradecido y un poco empapado, se levantó rápidamente y sin demora, fue a Nínive. Compartió el mensaje de Dios y la gente escuchó, cambió sus formas, ¡y la ciudad fue salvada!

Ahora, pequeñitos, la aventura de Jonás nos enseña que incluso cuando tenemos miedo, es importante escuchar y hacer lo correcto. Y si cometemos errores, como Jonás, debemos admitirlos y pedir perdón. Recuerda, no importa cuán grandes sean nuestros errores, el amor y el perdón de Dios son aún mayores. Al igual que Jonás tuvo una segunda oportunidad, nosotros también podemos aprender, crecer y hacer las cosas bien. Siempre recuerda, nunca es demasiado tarde para dar la vuelta y elegir el camino correcto.

La Semilla de Mostaza

Mateo 13:31-32

Érase una vez, en un acogedor pueblito, vivía una mujer sabia llamada Ruth. Ruth tenía el tesoro más pequeñito, una semilla de mostaza. ¡Esta semilla era tan diminuta que podía desaparecer fácilmente en la palma de su mano!

Un día brillante y soleado, Ruth decidió plantar esta semillita en su jardín. Cavó un pequeño hoyo en la tierra rica y marrón como el chocolate, dejó caer la semilla y la cubrió suavemente con tierra. Todos los días la regaba y le cantaba bajo el sol resplandeciente y el viento susurrante.

Pasaron los días y se convirtieron en semanas, y la pequeña semilla permanecía oculta bajo la tierra. Los amigos de Ruth a veces preguntaban: "¿Por qué cuidas esa semillita? Es tan pequeña, ¿en qué puede convertirse?" Pero Ruth simplemente sonreía y decía: "Esperen y verán".

Y entonces, una mañana mágica, un pequeño brote verde emergió del suelo. Era tan pequeño, pero Ruth sabía que era el comienzo de algo maravilloso. Cada día crecía un poco más, alzándose hacia el gran cielo azul. Las semanas se convirtieron en meses, y el brote creció y creció. Se convirtió en una planta, luego en una planta más grande, y luego en un gran árbol, más alto que Ruth, su casa e incluso algunas de las pequeñas colinas cercanas. Sus ramas se extendían como brazos abiertos, y sus hojas bailaban alegremente con el viento.

¡La diminuta semilla de mostaza se había convertido en el árbol más grande del pueblo! Los pájaros de cerca y de lejos venían a construir sus nidos, y los niños del pueblo jugaban bajo su fresca sombra. Los amigos de Ruth estaban asombrados: "¿Cómo puede algo tan pequeño volverse tan grande?" Se maravillaban ante el árbol de mostaza, ahora una pieza central de su encantador pueblo.

La pequeña semilla de mostaza de Ruth nos enseña que incluso las cosas más pequeñas pueden crecer y convertirse en algo increíble. Puedes sentirte pequeño ahora, pero al igual que la semilla de mostaza, estás lleno de un potencial increíble. Recuerda, no importa lo pequeño que empieces. Con cuidado, paciencia y tiempo, tú también puedes crecer y lograr grandes cosas. Siempre ten fe en tu propio potencial, al igual que Ruth tenía fe en su pequeña semilla de mostaza. Porque dentro de cada pequeño comienzo, yace la promesa de un hermoso y gran árbol.

Sansón el Fuerte

Jueces 13-16

Érase una vez, en una tierra lejana, había un hombre llamado Sansón. ¡Sansón era conocido en todas partes porque era el hombre más fuerte del mundo! ¿Y sabes cuál era su secreto? Su largo, largo cabello. Dios había dado a Sansón esta fuerza, y mientras su cabello no fuera cortado, él era más fuerte que cualquier otra persona.

Un día, Sansón se enamoró de una mujer llamada Dalila. Pero algunas personas malvadas se acercaron a Dalila. Querían saber el secreto de Sansón y le prometieron mucho dinero si conseguía descubrirlo.

Así que Dalila preguntó a Sansón, "¿Qué te hace tan fuerte?" Al principio, Sansón no le dijo la verdad. Pero después de que ella le preguntara muchas, muchas veces, Sansón finalmente le contó sobre su cabello.

Mientras Sansón dormía, Dalila llamó a las personas malvadas. Ellos cortaron su cabello, y cuando despertó, Sansón había perdido toda su fuerza. Las personas malvadas pudieron capturarlo y incluso le quitaron la capacidad de ver.

Pero con el tiempo, el cabello de Sansón comenzó a crecer de nuevo. Y con su cabello, su fuerza también regresó. Un día, mientras las personas malvadas celebraban, trajeron a Sansón para mostrar a todos que lo habían capturado.

Sansón oró a Dios, pidiendo su fuerza una última vez. Empujó contra las columnas que sostenían el edificio, y con su gran fuerza, las derribó. El edificio cayó, y todas las personas malvadas dentro fueron derrotadas.

Al igual que Sansón, podemos tener dones especiales que nos hacen únicos y fuertes, pero la verdadera fuerza viene de Dios. Es importante tener cuidado con quién confiamos y siempre recordar que incluso cuando las cosas van mal, si nos volvemos a Dios, Él puede darnos la fuerza para enfrentar nuestros desafíos.

José y su Túnica de Colores

Génesis 37-45

Érase una vez, en una tierra llena de arena y sol, vivía un joven llamado José. José era especial porque tenía once hermanos, pero era el más amado por su padre, Jacob. Para mostrar su amor, Jacob le dio a José una hermosa túnica de muchos colores. ¡Era la túnica más colorida que nadie había visto jamás!

Los hermanos de José vieron esta túnica y se pusieron muy celosos. No les gustaba que su padre amara más a José. Un día, José tuvo un sueño. En su sueño, vio once gavillas de trigo inclinándose ante su gavilla. Les contó a sus hermanos sobre su sueño. "Esto significa que un día, todos ustedes se inclinarán ante mí", dijo José.

Esto hizo que sus hermanos estuvieran aún más celosos. Un día, cuando José estaba lejos de casa, sus hermanos tomaron su colorida túnica y lo vendieron a personas que iban hacia Egipto. Le dijeron a su padre que un animal salvaje había llevado a José.

En Egipto, José fue encarcelado. Pero no perdió la esperanza. Sabía que podía entender los sueños, un don de Dios. Pronto, el Faraón, el gobernante de Egipto, se enteró del don de José. Él había estado teniendo sueños que nadie podía entender. José fue llevado ante el Faraón y explicó sus sueños. "Habrá siete años de abundancia de comida, seguidos por siete años de hambre", dijo José. El Faraón quedó tan impresionado que hizo de José un gobernante en Egipto, solo superado por él.

Años después, cuando llegó el hambre, los hermanos de José vinieron a Egipto a comprar comida. No reconocieron a José, pero él los reconoció. Se inclinaron ante él, justo como en el sueño de José. José perdonó a sus hermanos y se reunieron.

Al igual que José, a veces podemos enfrentar tiempos difíciles y la gente puede ser cruel porque están celosos o no nos entienden. Pero siempre debemos recordar mantener la esperanza y aprovechar al máximo nuestros dones únicos. Incluso cuando las cosas parezcan malas, Dios tiene un plan para nosotros. Y, como José, siempre debemos estar dispuestos a perdonar y mostrar amabilidad, incluso a aquellos que nos han hecho daño.

La Torre de Babel

Génesis 11:1-9

Érase una vez, hace mucho, mucho tiempo, todas las personas del mundo hablaban el mismo idioma. Se entendían perfectamente. No había malentendidos ni malas comunicaciones porque las palabras de todos sonaban igual.

A medida que la gente se movía hacia el este, encontraron un lugar llamado Babilonia y decidieron establecerse allí. Se dijeron unos a otros: "Hagamos ladrillos y construyamos una ciudad con una torre que alcance el cielo. Esto nos hará famosos y evitará que nos dispersemos por todo el mundo." Trabajaron día y noche, apilando ladrillo sobre ladrillo, construyendo su torre cada vez más alta. ¡La torre parecía que podía tocar el cielo! Pero Dios vio lo que la gente estaba haciendo. No estaban construyendo la torre para honrarlo, sino para hacerse famosos. También estaban tratando de quedarse todos juntos en un lugar, cuando Dios les había dicho que se dispersaran y llenaran la tierra.

Entonces, Dios decidió mezclar sus lenguajes. De repente, las personas no podían entenderse más. Una persona decía una cosa, pero la otra persona escuchaba algo completamente diferente. ¡Todo era muy confuso!

Con todos los malentendidos, la gente ya no podía trabajar junta para construir la torre. Comenzaron a moverse y dispersarse por todo el mundo, justo como Dios había planeado originalmente. Este lugar llegó a ser conocido como Babel, que significa "confusión".

La historia de la Torre de Babel nos enseña que no deberíamos tratar de hacernos grandes sin Dios. Siempre debemos recordar trabajar juntos y usar nuestras habilidades para hacer cosas buenas que agraden a Dios, no solo para hacernos famosos. Y aun cuando las cosas no salgan como planeamos, debemos recordar que Dios tiene un plan más grande para nosotros. Es importante escuchar las palabras de Dios y seguir Su guía en nuestras vidas.

El Sorprendente Maestro de Balaam

Números 22:21-34

En un reino colorido, vivía un hombre sabio llamado Balaam. Balaam tenía un burro gris, quien era su fiel amigo y compañero en muchas aventuras. El burro era tranquilo y gentil, con ojos suaves y amorosos.

Una mañana soleada, Balaam ensilló a su burro para un viaje. Viajaron a través de valles pintados con flores silvestres, pasando montañas que tocaban el cielo, pero entonces, algo muy extraño ocurrió. ¡El burro vio a un ángel parado en el camino, con una espada brillante en su mano! El burro se asustó e intentó alejarse de la figura aterradora.

Pero Balaam no podía ver al ángel. Estaba desconcertado y molesto cuando el burro se salió del camino, así que intentó dirigirlo de vuelta. Cuando el burro se apretó contra una pared, aplastando el pie de Balaam, Balaam se frustró y regañó al burro. Entonces, ¡ocurrió lo más extraordinario! El burro se volvió hacia Balaam y dijo: "¿Por qué me has golpeado estas tres veces? ¿No he sido siempre un buen burro?" Balaam se quedó sin palabras. ¡Su burro estaba hablando!

Antes de que pudiera recuperarse, Dios abrió los ojos de Balaam, y él también vio al ángel. Balaam se dio cuenta de que su burro lo había salvado de un peligro, y se sintió muy arrepentido por sus acciones. Le dijo al ángel: "He pecado; no me di cuenta de que te oponías a mí. Si estoy equivocado, volveré atrás."

El ángel le dijo a Balaam que continuara su viaje, pero solo para hablar las palabras que Dios le daría. Balaam, humilde y más sabio, aceptó. Desde ese día en adelante, escuchó más cuidadosamente lo que Dios quería que dijera y hiciera.

Ahora, queridos pequeñitos, el burro de Balaam nos enseña que a veces, las lecciones pueden venir de lugares inesperados. Al igual que Balaam aprendió de su burro, debemos estar abiertos a aprender de todos a nuestro alrededor. Incluso cuando las cosas no salgan a nuestro modo, debemos ser pacientes e intentar entender por qué. Y recuerden, al igual que el burro ayudó a Balaam a ver al ángel, a veces Dios usa formas sorprendentes para mostrarnos el camino correcto. Así que, mantengan sus corazones abiertos, sus mentes curiosas y sus ojos bien abiertos para todas las lecciones que este maravilloso mundo tiene para enseñar.

Elías y los Cuervos

1 Reyes 17:1-6

En una tierra llena de olivos y dunas de arena, vivía un hombre valiente llamado Elías. Elías era un profeta, lo que significa que escuchaba a Dios y compartía Sus palabras con los demás.

Un día, Dios le dijo a Elías que no llovería por un tiempo, no hasta que Elías lo dijera. Esto dificultaba la vida porque sin lluvia, no había cultivos, y sin cultivos, había poca comida.

Luego Dios le dijo a Elías que fuera a un lugar llamado la Quebrada de Querit, al este del Jordán. "Beberás del arroyo, y he ordenado a los cuervos que te provean de comida allí", dijo Dios. Confiando en Dios, Elías empacó su bolsa y partió para el viaje.

Cuando Elías llegó a la Quebrada de Querit, encontró un arroyo con agua cristalina. Justo se preguntaba sobre la comida cuando oyó un suave graznido sobre él. Levantó la vista y vio un grupo de cuervos de plumas negras, volando desde el cielo azul.

Para sorpresa de Elías, ¡cada cuervo llevaba comida en su pico! Traían pan por la mañana y carne por la tarde, tal como Dios había prometido. Elías estaba agradecido. Cada día, los cuervos venían, trayéndole comida, y Elías nunca pasaba hambre.

A pesar de los tiempos difíciles, Elías estaba seguro y alimentado, gracias a los cuervos. Aprendió que, pase lo que pase, Dios siempre cuidaría de él.

Elías y los cuervos útiles nos enseñan una lección importante sobre la confianza. Así como Elías confió en Dios para cuidar de él, nosotros también podemos confiar en que Dios nos cuidará. Incluso cuando las cosas parezcan difíciles o aterradoras, recuerda que Dios te ama y siempre proveerá para ti. Así que, aférrate a tu fe, sé valiente como Elías y siempre recuerda, incluso cuando no llueva, el amor de Dios siempre descenderá sobre ti.

Jesús Camina Sobre el Agua

Mateo 14:22-33

Érase una vez, en una noche estrellada y brillante, los amigos de Jesús, los discípulos, navegaban en un gran y hermoso barco en el Mar de Galilea. Mientras el viento fresco soplaba y las olas danzaban, Jesús no estaba con ellos. Se había quedado atrás para orar solo en una colina pacífica. De repente, ¡el viento se hizo más fuerte! ¡Zum! ¡Zum! El barco comenzó a balancearse de un lado a otro. Los discípulos tenían miedo, con los ojos muy abiertos y el corazón acelerado.

Entonces, en medio de todo el viento y las olas, vieron algo asombroso. ¡Era Jesús, caminando sobre el agua, acercándose a ellos! Pero no sabían que era Jesús. Pensaron que era un fantasma y tenían aún más miedo.

Justo entonces, escucharon una voz calma y suave decir: "¡Ánimo! Soy yo. No tengan miedo." ¡Era Jesús! Su voz sonaba como la más suave de las canciones de cuna. Pedro, uno de los discípulos, gritó: "Señor, si realmente eres tú, déjame ir hacia ti sobre el agua." Jesús respondió: "Ven." Lleno de emoción y un toque de miedo, Pedro salió del barco y se puso sobre el agua. ¡Por un momento, Pedro también caminó sobre el agua! Pero luego vio las grandes olas y sintió el viento fuerte. Se asustó y comenzó a hundirse. "¡Señor, sálvame!" gritó.

Inmediatamente, Jesús extendió su mano y agarró a Pedro. "¿Por qué dudaste?" preguntó Jesús, mientras subían de nuevo al barco. Tan pronto como estuvieron seguros en el barco, el viento se detuvo y todo se volvió pacífico. Los discípulos estaban asombrados y dijeron: "Verdaderamente, eres el Hijo de Dios."

Así como Jesús estaba allí para ayudar a Pedro cuando tenía miedo, Jesús también está siempre con nosotros. Está ahí cuando tienes miedo de la oscuridad, o cuando una tormenta truena afuera. Siempre que sientas miedo, recuerda tener fe como la tuvo Pedro. Y siempre recuerda, Jesús está ahí para tomar tu mano, ayudarte y hacer que las cosas aterradoras desaparezcan. ¡Él te ama muchísimo!

El Hijo Pródigo

Lucas 15:11-32

En una tierra soleada llena de campos verdes y pájaros cantando, vivía un padre amable con sus dos hijos. El hijo menor, que era tan juguetón como un cachorro joven, decidió un día que quería su parte del dinero de su padre. ¡Deseaba explorar el mundo, ver las montañas imponentes y los mares brillantes!

Con el corazón apesadumbrado, el padre dividió su dinero. El hijo menor empacó su bolsa y partió, despidiéndose con la mano. Viajó por doquier, gastando su dinero en dulces y juguetes, y haciendo grandes y divertidas fiestas con sus nuevos amigos. Pero pronto, su dinero se agotó. Sin dinero significaba no tener comida, ni amigos. Su estómago rugía más fuerte que una tormenta, y se sentía más solo que una estrella en el cielo.

En su profundo hambre, encontró un trabajo alimentando cerdos. Tenía tanta hambre que la comida de los cerdos comenzó a parecerle apetitosa. Un día, mientras veía a los cerdos comer, un pensamiento brotó en su mente como una semilla en la tierra. "Incluso los sirvientes de mi padre tienen más comida de la que pueden comer", pensó. "Volveré a mi padre."

Con el corazón latiendo como un tambor, caminó de regreso a casa. Practicó su disculpa en el camino, "Padre, he sido tonto y lo siento." Viéndolo desde lejos, el rostro de su padre se iluminó como el sol de la mañana. Corrió hacia su hijo, abrazándolo fuertemente. Estaba rebosante de alegría, más feliz que un rey con una corona nueva. Llamó a sus sirvientes, "¡Preparemos una gran fiesta! ¡Mi hijo ha regresado!"

El hermano mayor estaba confundido. ¿Por qué había una fiesta para su hermano que había sido tan imprudente? El padre explicó con suavidad, "Tu hermano estaba perdido y ahora ha sido encontrado. Cometió un error, pero ahora ha vuelto. ¡Y eso es motivo de celebración!"

Pero nunca es demasiado tarde para pedir disculpas y enmendar las cosas. Y recuerda, como el padre en la historia, el amor de Dios por nosotros es tan grande y tan amplio, que siempre nos recibe de vuelta con los brazos abiertos.

Adán y Eva

Génesis 2-3

En el principio, cuando el mundo era completamente nuevo, había un jardín lleno de hermosas flores de todos los colores, pájaros cantores de todos los tamaños y árboles altísimos que daban frutas jugosas. Este jardín se llamaba Edén, un lugar especial creado por Dios.

En este animado jardín, Dios creó al primer hombre, Adán, del polvo de la tierra. Adán estuvo solo por un corto tiempo. Dios creó una compañera para él, Eva, para que pudieran compartir juntos las alegrías del Edén.

Dios dijo: "Puedes comer de cualquier árbol del jardín, excepto de uno: el Árbol del Conocimiento del Bien y del Mal. No debes comer su fruto ni tocarlo." Adán y Eva prometieron seguir la regla de Dios.

Pero un día, una serpiente astuta, deslizándose como un largo y sinuoso río, habló con Eva. La engañó, diciendo: "Si comes el fruto, serás como Dios." Creyendo a la serpiente, Eva arrancó una fruta brillante y olorosa del árbol prohibido y la compartió con Adán. Ambos mordieron con fuerza. ¡Crunch! De repente, se dieron cuenta de que habían hecho algo que no debían hacer. Se sintieron muy culpables, como un niño que hubiera comido a escondidas una galleta extra antes de la cena. Cuando Dios se enteró de lo que habían hecho, se sintió decepcionado.

Dios dijo: "Porque no escuchaste mi regla, debes dejar el hermoso Jardín del Edén." Dios todavía amaba a Adán y Eva, pero había consecuencias por sus acciones. Así que tuvieron que dejar su encantador hogar y aprender a vivir en el mundo exterior.

La historia de Adán y Eva nos enseña una lección muy importante, pequeñitos. Cuando se nos dan reglas, es por nuestro bien y es importante seguirlas. Está bien ser curioso, pero siempre debemos pensar en nuestras decisiones y entender las consecuencias. Y recuerda, incluso cuando cometemos errores, Dios todavía nos ama mucho, justo como un padre sigue amando a su hijo, incluso cuando hace algo travieso.

Moisés Divide el Mar

Éxodo 14:10-31

Hace mucho, mucho tiempo, Moisés, un hombre valiente elegido por Dios, guió a su pueblo fuera de Egipto, donde no eran tratados amablemente. Querían llegar a una tierra maravillosa que Dios les había prometido. Pero había un gran problema: ¡un enorme y resplandeciente mar se interponía en su camino!

Detrás de ellos, nubes de polvo se levantaban en el aire. ¡El malvado Faraón había cambiado de opinión y venía con sus soldados para atraparlos! La gente estaba asustada. Sus corazones latían como grandes tambores, "¡Boom, Boom!" Pero Moisés dijo: "¡No tengan miedo! Quédense quietos y vean el poder de Dios para salvarnos". Entonces, Dios le dijo a Moisés: "Levanta tu vara y extiende tu mano sobre el mar". Moisés hizo exactamente lo que Dios le ordenó. Levantó su vara alta en el cielo, tan alta como el cuello de una jirafa. De repente, comenzó a soplar un viento fuerte. ¡Whoosh! Sopló toda la noche.

Y entonces, ¡ocurrió algo asombroso! El gigantesco mar se dividió en dos, dejando un camino seco en el medio. Las paredes de agua se erguían altas a ambos lados, como dos grandes muros de gelatina azul. Moisés y la gente caminaron por en medio del mar sobre tierra seca, con los ojos abiertos de asombro.

Cuando el Faraón y sus soldados intentaron seguirlos, Dios hizo que las ruedas de sus carros se atascaran. Tan pronto como Moisés y toda la gente estuvieron a salvo del otro lado, Dios le dijo a Moisés: "Extiende tu mano sobre el mar de nuevo". Entonces, Moisés extendió su mano, y ¡WHOOSH! El agua volvió a su lugar, cubriendo a los soldados del Faraón. El malvado Faraón ya no pudo lastimar más al pueblo de Moisés.

¡Todos vitorearon! "¡Hurra por Dios!" Bailaron y cantaron, agradecidos por la protección de Dios. Sabían que Dios era poderoso y siempre estaba con ellos, listo para ayudar en los momentos más aterradores.

Así como Dios ayudó a Moisés y a su pueblo, Él siempre está ahí para ayudarte también a ti. Incluso cuando las cosas parecen tan grandes e imposibles como partir un mar, Dios puede abrir un camino. Así que, siempre que estés asustado o en problemas, confía en el poderoso poder de Dios y en su gran amor por ti.

La Última Cena

Lucas 22:7-20

En la ciudad dorada de Jerusalén, Jesús decidió tener una cena muy especial. Era la Pascua, una gran fiesta como la Navidad, y Jesús quería pasarla con sus mejores amigos, los doce discípulos.

Jesús y sus amigos se reunieron alrededor de una gran mesa de madera. La mesa estaba llena de comida deliciosa: pan caliente y esponjoso, y una copa de jugo de uva rojo y dulce. La habitación era acogedora, las velas brillaban como pequeñas estrellas, y el aire estaba lleno de amor y amistad.

Jesús tomó un pedazo de pan, tan suave como una nube. Agradeció a Dios por él, lo partió en pedazos y lo compartió con sus amigos. "Este pan es como mi cuerpo", dijo, "que estoy dando por ustedes. Cuando lo coman, recuérdame". Los discípulos, con los ojos tan redondos como botones, escuchaban atentamente.

Luego, Jesús tomó la copa de jugo de uva. Su color era tan rico como un atardecer. También agradeció a Dios por ella y la compartió con sus amigos. "Esta copa es como mi sangre", dijo, "que se derrama por ustedes. Cuando la beban, recuérdame". Los discípulos escucharon y entendieron. Esta no era solo una cena cualquiera; era una forma especial de recordar el amor de Jesús por ellos.

Desde entonces, cada vez que comían pan y bebían de la copa, recordaban a Jesús, su amor y su sacrificio. Y hoy, cuando hacemos lo mismo, también recordamos a Jesús, justo como lo hicieron los discípulos en aquella cena especial.

La historia de la Última Cena nos enseña sobre el amor y el recuerdo. Nos muestra que, así como Jesús amaba a sus amigos, nosotros también debemos amarnos unos a otros. Y cuando recordamos la bondad de alguien, es como si esa persona todavía estuviera con nosotros. Así que, recordemos mostrar amor y bondad, tal como lo hizo Jesús.

Jesús y la Historia de Pascua

Mateo 27:32-56, Marcos 15:21-41, Lucas 23:26-49, Juan 19:17-30

En una ciudad llamada Jerusalén, vivía el hombre más bondadoso llamado Jesús. Él sanaba a los enfermos, hacía que los ciegos vieran y llenaba los corazones de las personas de amor. Pero, algunas personas poderosas no entendían a Jesús y se sentían amenazadas por él.

Un día, estas personas decidieron hacer algo muy triste. Hicieron que Jesús cargara una pesada cruz de madera cuesta arriba de una gran colina. Jesús estaba muy cansado y herido, pero valientemente continuó adelante, su corazón lleno de amor por todas las personas, incluso por aquellos que no eran amables con él.

En la cima de la colina, Jesús fue colocado en la cruz. Aunque estaba en dolor, Jesús pensaba en los demás. Le pidió a su querido amigo, Juan, que cuidara de su madre, María. Y luego, con un gran amor en su corazón, Jesús pidió a Dios que perdonara a las personas que lo habían lastimado. "Padre, perdónalos, porque no saben lo que hacen", dijo.

Después de eso, Jesús cerró los ojos y su espíritu subió al cielo. Todos los que amaban a Jesús se sintieron muy, muy tristes. Bajaron el cuerpo de Jesús de la cruz y lo colocaron en un sepulcro, una habitación especial en una cueva, y rodaron una gran piedra para cerrar la entrada.

Queridos pequeños, la historia de la crucifixión de Jesús es difícil, pero también es una historia del amor más grande. Jesús nos amaba tanto que estaba dispuesto a darlo todo. Su historia nos enseña a amar a los demás, incluso cuando no son amables con nosotros.

Y recuerden, la historia no termina con tristeza. Después de tres días, algo milagroso ocurrió, pero esa es una historia para otro día. Lo importante que debemos entender es que el amor es poderoso y fuerte, justo como el amor de Jesús por nosotros. Así que, tratemos de amar como Jesús, siendo amables, perdonadores y cuidadosos con todas las personas que conocemos.

Tu Opinión Importa

Si eres como nosotros, probablemente no sueles dejar reseñas en Amazon. La vida es ajetreada, y ¿quién tiene tiempo para eso? Pero si disfrutaste este libro, te agradeceríamos muchísimo si pudieras tomarte solo un minuto para ayudarnos.

Hemos hecho que sea lo más fácil posible: solo escanea el código QR a continuación y te llevará directamente a la página de reseñas. Sin búsquedas, sin complicaciones, y solo toma 30 segundos.

Tu reseña marca una gran diferencia para ayudar a otros a descubrir este libro y realmente nos ayuda más de lo que imaginas.

¿Tienes sugerencias o comentarios? Escríbenos a info@dreamdriftpublishing.com—siempre respondemos y hemos mejorado muchos de nuestros libros gracias a lectores como tú.

¡Gracias por tu apoyo!

ESCANÉAME

Escanea el código QR con la cámara de tu smartphone y toca el enlace.

Made in the USA
Coppell, TX
01 May 2025

48927869R00024